ÉTUDE

SUR

MIRABEAU.

PARIS, IMPRIMERIE DE DECOURCHANT,
Rue d'Erfurth, n° 1, près de l'Abbaye.

VICTOR HUGO.

ÉTUDE
SUR MIRABEAU.

PARIS,

ADOLPHE GUYOT,
18, place du Louvre.

URBAIN CANEL,
104, rue du Bac.

1834

§ I.

En 1781, un sérieux débat s'agitait en France au sein d'une famille entre un père et un oncle. Il s'agissait d'un mauvais sujet dont cette famille ne savait plus que faire. Cet homme, déjà hors de la première phase ardente de la jeunesse, et pourtant plongé encore tout entier dans les frénésies de l'âge passionné, obéré de dettes, perdu de folies, s'était séparé de sa femme, avait enlevé celle d'un autre, avait été condamné à mort et décapité en effigie pour ce fait, s'était enfui de France, puis il venait d'y reparaître, corrigé et repentant, disait-il, et, sa contumace purgée, il demandait à rentrer dans sa famille et à reprendre sa femme. Le père souhaitait cet arrangement, voulant avoir des petits-fils et perpétuer son nom, espérant d'ailleurs être plus heureux comme aïeul que comme père. Mais l'enfant prodigue avait trente-trois ans. Il était à refaire en entier. Éducation difficile ! Une fois replacé dans la société, à quelles mains le confier? qui se chargerait de redresser l'épine dorsale d'un pareil caractère? De là, controverse entre les vieux parens. Le père voulait le donner à l'oncle, l'oncle voulait le laisser au père.

« Prends-le, disait le père.

» — Je n'en veux pas, disait l'oncle.

» — Pose d'abord en fait, répliquait le » père, que cet homme-là n'est rien, mais » rien du tout. Il a du goût, du charlata- » nisme, l'air de l'acquit, de l'action, de

» la turbulence, de l'audace, du boute-
» en-train, de la dignité quelquefois. Ni
» dur ni odieux dans le commandement.
» Eh bien! tout cela n'est que pour le faire
» voir livré à l'oubli de la veille, au dé-
» souci du lendemain, à l'impulsion du
» moment, enfant perroquet, homme
» avorté, qui ne connaît ni le possible ni
» l'impossible, ni le malaise ni la commo-
» dité, ni le plaisir ni la peine, ni l'action
» ni le repos, et qui s'abandonne tout aus-
» sitôt que les choses résistent. Cependant,
» je pense qu'on en peut faire un excel-
» lent outil en l'empoignant par le man-
» che de la vanité. Il ne t'échapperait
» pas. Je ne lui épargne pas les ratio-
» cinations du matin. Il saisit ma morale
» bien appuyée et mes leçons toujours
» vivantes, parce qu'elles portent sur un
» pivot toujours réel, à savoir que sans
» doute on ne change guère de nature,
» mais que la raison sert à couvrir le côté
» faible et à le bien connaître pour éviter
» l'abordage par là.

» — Te voilà donc, reprenait l'oncle, » grâce à ta postéromanie, occupé à ré- » genter un poulet de trente-trois ans! » C'est prendre une furieuse tâche que de » vouloir arrondir un caractère qui n'est » qu'un hérisson tout en pointes avec » très-peu de corps! »

Le père insistait. « Aie pitié de ton ne- » veu l'Ouragan! Il avoue toutes ses sot- » tises, car c'est le plus grand avoueur de » l'univers; mais il est impossible d'avoir » plus de facilité et d'esprit. C'est un fou- » dre de travail et d'expédition. Il a un » besoin immense d'être gouverné. Il le » sent fort bien. Il faut que tu t'en charges. » Il sait que tu me fus toujours et que tu » lui dois être et pilote et boussole. Il met » sa vanité en son oncle. Je te le donne » pour un sujet rare au futur. Tu as tout » le saturne qui manque à son mercure. » Mais quand tu le tiendras, ne le laisse » pas aller. Fît-il des miracles, tiens-le tou- » jours et le tire par la manche; le pauvre » diable en a besoin. Si tu lui es père, il

» te contentera ; si tu lui es oncle, il est » perdu. Aime ce jeune homme !

» — Non, disait l'oncle ; je sais que les » sujets d'une certaine trempe savent » faire patte de velours quelque temps ; » et lui-même autrefois, quand il vivait » près de moi, était comme une belle fille » pour peu que je fronçasse le sourcil. Mais » je n'en veux pas. Je ne suis plus d'âge » ni de goût à me colleter avec l'impos- » sible.

» — Oh ! frère ! reprenait le vieillard » suppliant, si cette créature disloquée » peut jamais être recousue, ce ne peut » être que par toi. Puisqu'il est à retailler, » je ne saurais lui donner un meilleur » patron que toi. Prends-le, sois-lui bon » et ferme, et tu seras son sauveur, et tu » en feras ton chef-d'œuvre. Qu'il sache » que sous ta longue mine roide et froide » habite le meilleur homme qui fut ja- » mais ! un homme de la rognure des an- » ges ! Sonde-lui le cœur, élève-lui la tête. » *Tu es omnis spes et fortuna nostri nominis !*

» — Point, répliquait l'oncle. Ce n'est » pas qu'il ait à mon sens commis un si » grand crime dans la conjoncture. Ce ne » devrait être une affaire. Une jeune et » jolie femme va trouver un jeune homme » de vingt-six ans. Quel est le jeune homme » qui ne ramasse pas ce qu'il trouve en » son chemin en ce genre? Mais c'est un » esprit turbulent, orgueilleux, avanta- » geux, insubordonné! un tempérament » méchant et vicieux! Pourquoi m'en char- » ger? Il fait de son grossier mieux pour » te plaire. C'est bien. Je sais qu'il est sé- » duisant, qu'il est le soleil levant. Raison » de plus pour ne pas m'exposer à être sa » dupe. La jeunesse a toujours raison con- » tre les vieux.

» — Tu n'as pas toujours pensé ainsi, » répondait tristement le père. Il fut un » temps où tu m'écrivais : *Quant à moi, cet* » *enfant m'ouvre la poitrine.*

» — Oui, disait l'oncle, et où tu me ré- » pondais : *Défie-toi, tiens-toi en garde* » *contre la dorure de son bec.*

» — Que veux-tu donc que je fasse ? s'é» criait le père forcé dans ses derniers » raisonnemens. Tu es trop équitable pour » ne pas sentir qu'on ne se coupe pas un » fils comme un bras. Si cela se pouvait, » il y a long-temps que je serais manchot. » Après tout, on a tiré race de dix mille » plus faibles et plus fols. Or, frère, nous » l'avons comme nous l'avons. Je passe, » moi. Si je ne t'avais, je ne serais qu'un » pauvre vieillard terrassé. Et pendant que » nous lui durons encore, il faut le se» courir. »

Mais l'oncle, homme péremptoire, coupait enfin court à toute prière par ces nettes paroles : « Je n'en veux pas ! C'est » une folie que de vouloir faire quelque » chose de cet homme. Il faudrait l'en» voyer, comme dit sa bonne femme, aux » *insurgens*, se faire casser la tête. Tu es » bon, ton fils est méchant. La fureur de » la postéromanie te tient à présent ; mais » tu devrais songer que Cyrus et Marc-» Aurèle auraient été fort heureux de

» n'avoir ni Cambyse ni Commode ! »

Ne semble-t-il pas en lisant ceci qu'on assiste à l'une de ces belles scènes de haute comédie domestique où la gravité de Molière équivaut presque à la grandeur de Corneille ? Y a-t-il dans Molière quelque chose de plus frappant en beau style et en grand air, quelque chose de plus profondément humain et vrai que ces deux imposans vieillards que le dix-septième siècle semble avoir oubliés dans le dix-huitième, comme deux échantillons de mœurs meilleures ? Ne les voyez-vous pas venir tous les deux, affairés et sévères, appuyés sur leurs longues cannes, rappelant par leur costume plutôt Louis XIV que Louis XV, plutôt Louis XIII que Louis XIV ? La langue qu'ils parlent, n'est-ce pas la langue même de Molière et de Saint-Simon ? Ce père et cet oncle, ce sont les deux types éternels de la comédie, ce sont les deux bouches sévères par lesquelles elle gourmande, enseigne et moralise au milieu de tant d'autres bouches qui ne font que rire; c'est le marquis et le commandeur, c'est Géronte et Ariste, c'est la bonté et la sagesse, admirable duo auquel Molière revient toujours.

L'ONCLE.

Où voulez-vous courir?

LE PÈRE.

Las! que sais-je!

L'ONCLE.

Il me semble
Que l'on doit commencer par consulter ensemble
Les choses qu'on peut faire en cet événement.

La scène est complète; rien n'y manque, pas même *le coquin de neveu.*

Ce qu'il y a de frappant dans le cas présent, c'est que la scène qu'on vient de retracer est une chose réelle, c'est que ce dialogue du père et de l'oncle a eu textuellement lieu par lettres, par lettres que le public peut lire à l'heure qu'il est; c'est qu'à l'insu des deux vieillards il y avait au fond de leur grave contestation un des plus grands hommes de notre histoire; c'est que *le marquis et le commandeur* ici sont un vrai marquis et un vrai commandeur. L'un se nommait Victor de Riquetti, marquis de Mirabeau, l'autre, Jean-Antoine de Mirabeau, bailli de l'ordre de Malte. Le *coquin de neveu,* c'était Honoré-Gabriel de Riquetti, qu'en 1781 sa famille appelait l'*Ouragan*, et que le monde appelle aujourd'hui MIRABEAU.

Ainsi, un *homme avorté*, une *créature disloquée*, un sujet *dont on ne peut rien faire*, une tête bonne à *faire casser* aux insurgens, un criminel flétri par la justice, un fléau d'ailleurs, voilà ce que Mirabeau était pour sa famille en 1781.

Dix ans après, en 1791, le 1er avril, une foule immense encombrait les abords d'une maison de la Chaussée-d'Antin. Cette foule était morne, silencieuse, consternée, profondément triste. Il y avait dans la maison un homme qui agonisait.

Tout ce peuple inondait la rue, la cour, l'escalier, l'antichambre. Plusieurs étaient là depuis trois jours. On parlait bas, on semblait craindre de respirer, on interrogeait avec anxiété ceux qui allaient et venaient. Cette foule était pour cet homme comme une mère pour son enfant. Les médecins n'avaient plus d'espoir. De temps en temps des bulletins, arrachés par mille mains, se dispersaient dans la multitude, et l'on entendait des femmes sangloter. Un jeune homme, exaspéré de douleur, offrait à haute voix de s'ouvrir l'artère pour infuser son sang riche et pur dans les veines appauvries du mourant. Tous, les moins intelligens même, semblaient accablés sous cette pensée que ce n'était pas seulement un homme, que c'était peut-être un peuple qui allait mourir.

On ne s'adressait plus qu'une question dans la ville.

Cet homme expira.

Quelques minutes après que le médecin, qui était debout au chevet de son lit, eut dit : *Il est mort*, le président de l'Assemblée Nationale se leva de son siége et dit : *Il est mort*, tant ce cri fatal avait en peu d'instans rempli Paris. Un des principaux orateurs de l'Assemblée, M. Barrère de Vieuzac, se leva en pleurant, et dit ceci d'une voix qui laissait échapper plus de sanglots que de paroles : « Je demande que l'Assemblée » dépose dans le procès-verbal de ce jour » funèbre le témoignage des regrets qu'elle » donne à la perte de ce grand homme ; » et qu'il soit fait, au nom de la patrie, » une invitation à tous les membres de » l'Assemblée d'assister à ses funérailles. »

Un prêtre, membre du côté droit, s'écria : « Hier, au milieu des souffrances, » il a fait appeler M. l'évêque d'Autun, et » en lui remettant un travail qu'il venait » de terminer sur les successions, il lui a » demandé, comme une dernière marque » d'amitié, qu'il voulût bien le lire à l'As- » semblée. C'est un devoir sacré. M. l'é-

» vêque d'Autun doit exercer ici les » fonctions d'exécuteur testamentaire du » grand homme que nous pleurons tous. »

Tronchet, le président, proposa une députation aux funérailles. L'Assemblée répondit : *Nous irons tous!*

Les sections de Paris demandèrent qu'il fût inhumé « au champ de la fédération, » sous l'autel de la patrie. »

Le directoire du département proposa de lui donner pour tombe « la nouvelle » église de Sainte-Geneviève, » et de décreter que « cet édifice serait désormais » destiné à recevoir les cendres des grands » hommes. » A ce sujet, M. Pastoret, procureur-général syndic de la commune, dit : « Les larmes que fait couler la perte d'un » grand homme ne doivent pas être des » larmes stériles. Plusieurs peuples an- » ciens renfermèrent dans des monumens » séparés leurs prêtres et leurs héros. Cette » espèce de culte qu'ils rendaient à la » piété et au courage, rendons-le aujour- » d'hui à l'amour du bonheur et de la li-

» berté des hommes. Que le temple de la » religion devienne le temple de la patrie; » que la tombe d'un grand homme de- » vienne l'autel de la liberté! »

L'Assemblée applaudit.

Barnave s'écria : « Il a en effet mérité » les honneurs qui doivent être décernés » par la nation aux grands hommes qui » l'ont bien servie ! »

Robespierre, c'est-à-dire l'envie, se leva aussi et dit : « Ce n'est pas au moment où » l'on entend de toutes parts les regrets » qu'excite la perte de cet homme illus- » tre, qui, dans les époques les plus criti- » ques, a déployé tant de courage contre » le despotisme, que l'on pourrait s'op- » poser à ce qu'il lui fût décerné des mar- » ques d'honneur. J'appuie la proposition » de tout mon pouvoir, ou plutôt de toute » ma sensibilité. »

Il n'y eut plus ce jour-là ni côté gauche ni côté droit dans l'Assemblée Nationale, qui rendit tout d'une voix ce décret :

« Le nouvel édifice de Sainte-Geneviève

» sera destiné à réunir les cendres des » grands hommes.

» Seront gravés au-dessus du fronton » ces mots :

» AUX GRANDS HOMMES

» LA PATRIE RECONNAISSANTE.

» Le Corps législatif décidera seul à » quels hommes cet honneur sera dé- » cerné.

» Honoré Riquetti Mirabeau est jugé » digne de recevoir cet honneur. »

Cet homme, qui venait de mourir, c'était Honoré de Mirabeau. Le *grand homme* de 1791, c'était l'*homme avorté* de 1781.

Le lendemain le peuple fit à ses funérailles un cortége de plus d'une lieue, auquel manqua son père, mort, comme il convenait à un vieux gentilhomme de sa sorte, le 13 juillet 1789, la veille de la chute de la Bastille.

Ce n'est pas sans intention que nous avons rapproché ces deux dates, 1781 et 1791, les mémoires et l'histoire, Mirabeau avant et Mirabeau après, Mirabeau jugé par sa famille, Mirabeau jugé par le peuple. Il y a dans ce contraste une source inépuisable de méditations. Comment, en dix ans, ce démon d'une famille est-il devenu le dieu d'une nation ? Question profonde !

§ II.

Il ne faudrait pas croire cependant que du moment où cet homme sortit de la famille pour apparaître au peuple, il ait été tout de suite et par acclamation accepté *dieu.* Les choses ne vont jamais ainsi d'elles-mêmes. Où le génie se lève l'envie se dresse. Bien au contraire, jusqu'à l'heure de sa mort, jamais homme ne fut plus complètement et plus constamment nié dans tous les sens que Mirabeau.

Lorsqu'il arriva comme député d'Aix aux Etats-Généraux, il n'excitait la jalousie de personne. Obscur et mal famé, les bonnes renommées s'en inquiétaient peu ; laid et mal bâti, les seigneurs de belle mine en avaient pitié. Sa noblesse disparaissait sous l'habit noir, sa physionomie sous la petite-vérole. Qui donc eût songé à être jaloux de cette espèce d'aventurier, repris de justice, difforme de corps et de visage, ruiné d'ailleurs, que les petites gens d'Aix avaient député aux Etats-Généraux dans un moment de fièvre et par mégarde sans doute et sans savoir pourquoi? Cet homme, en vérité, ne comptait pas. Le premier venu était beau, riche et considérable à côté de lui. Il n'offusquait aucune vanité ; il ne gênait les coudes d'aucune prétention. C'était un chiffre quelconque que les ambitions qui se jalousaient comptaient à peine dans leurs calculs.

Peu à peu cependant, comme le crépuscule de toutes les choses anciennes arrivait, il se fit assez d'ombre autour de la monarchie pour que le sombre éclat propre aux grands hommes révolutionnaires devînt visible aux yeux. Mirabeau commença à rayonner.

L'envie alors vint à ce rayonnement comme tout oiseau de nuit à toute lumière. A dater de ce moment, l'envie prit Mirabeau et ne le quitta plus. Avant tout, chose qui semble étrange et qui ne l'est pas, ce qu'elle lui contesta jusqu'à son dernier souffle, ce qu'elle lui nia sans cesse en face, sans lui épargner d'ailleurs les autres injures, ce fut précisément ce qui est la véritable couronne de cet homme dans la postérité, son génie d'orateur. Marche que l'envie suit toujours d'ailleurs! c'est toujours à la plus belle façade d'un édifice qu'elle jette des pierres. Et puis, à l'égard de Mirabeau, l'envie, il faut en convenir, était inépuisable en bonnes raisons. *Probitas*, l'orateur doit être sans reproche, M. de Mirabeau est reprochable de toutes parts; *præstantia*, l'orateur doit être beau, M. de Mirabeau est laid; *vox amœna*, l'orateur doit avoir un organe agréable, M. de Mirabeau a la voix dure, sèche, criarde, tonnant toujours et ne parlant jamais; *subrisus audientium*, l'orateur doit être bien venu de son auditoire, M. de Mirabeau est haï de l'assemblée, etc.; et une foule de gens fort contens d'eux-mêmes concluaient : *M. de Mirabeau n'est pas orateur.*

Or, loin de prouver cela, tous ces raisonnemens ne prouvaient qu'une chose, c'est que les Mirabeaux ne sont pas prévus par les Cicérons.

Certes, il n'était pas orateur à la manière dont ces gens l'entendaient; il était orateur selon lui, selon sa nature, selon son organisation, selon son âme, selon sa vie. Il était orateur parce qu'il était haï, comme Cicéron parce qu'il était aimé. Il était orateur parce qu'il était laid, comme Hortensius parce qu'il était beau. Il était orateur parce qu'il avait souffert, parce qu'il avait failli, parce qu'il avait été, bien jeune encore et dans l'âge où s'épanouissent toutes les ouvertures du cœur, repoussé, moqué, humilié, méprisé, diffamé, chassé, spolié, interdit, exilé, emprisonné, condamné; parce que, comme le peuple de 1789 dont il était le plus complet symbole, il avait été tenu en minorité et en tutelle beaucoup au-delà de l'âge de raison; parce que la paternité avait été dure pour lui comme la royauté pour le peuple; parce que, comme le peuple, il avait été mal élevé; parce que, comme au peuple, une mauvaise éducation lui avait fait croître un vice sur la racine de chaque vertu. Il était orateur, parce que, grâce aux larges issues ouvertes par les ébranlemens de 1789, il avait enfin pu extravaser dans la société tous ses bouillonnemens intérieurs si longtemps comprimés dans la famille; parce que, brusque, inégal, violent, vicieux, cynique, sublime, diffus, incohérent, plus rempli d'instincts encore que de pensées, les pieds souillés, la tête rayonnante, il était en tout semblable aux années ardentes dans lesquelles il a resplendi et dont chaque jour passait marqué au front par sa parole. Enfin, à ces hommes imbéciles qui comprenaient assez peu leur temps pour lui adresser, à travers mille objections, d'ailleurs souvent ingénieuses, cette question, s'il se croyait sérieusement orateur? il aurait pu répondre d'un seul mot : Demandez à la monarchie qui finit, demandez à la révolution qui commence.

On a peine à croire, aujourd'hui que c'est chose jugée, qu'en 1790 beaucoup de gens, et dans le nombre de doucereux amis, conseillaient à Mirabeau, *dans son propre intérêt, de quitter la tribune, où il n'aurait jamais de succès complet*, ou du moins *d'y paraître moins souvent.* Nous avons les lettres sous les yeux. On a peine à croire que dans ces mémorables séances où il remuait l'assemblée comme de l'eau dans un vase, où il entrechoquait si puissamment dans sa main toutes les idées sonores du moment, où il forgeait et amalgamait si habilement dans sa parole sa passion personnelle et la passion de tous, après qu'il avait parlé et pendant qu'il parlait et avant qu'il parlât, les applaudissemens étaient toujours mêlés de huées, de rires et de sifflets. Misérables détails criards que la gloire a estompés aujourd'hui! Les journaux et les pamphlets du temps ne sont qu'injures, violences et voies de fait contre le génie de cet homme. On lui reproche tout à propos de tout. Mais le reproche qui revient sans cesse, et comme par manie, c'est *sa voix rude et âpre*, et *sa parole toujours tonnante*. Que répondre à cela? Il a la voix rude, parce qu'apparemment le temps des douces voix est passé. Il a la parole tonnante, parce que les événemens tonnent de leur côté, et que c'est le propre des grands hommes d'être de la stature des grandes choses.

Et puis, et ceci est une tactique qui a été de tout temps invariablement suivie contre les génies, non-seulement les hommes de la monarchie, mais encore ceux de son parti, car on n'est jamais mieux haï que dans son propre parti, étaient toujours d'accord, comme par une sorte de convention tacite, pour lui opposer sans cesse et lui préférer en toute occasion un autre orateur, fort adroitement choisi par l'envie en ce sens qu'il servait les mêmes sympathies politiques que Mirabeau, Barnave. Et la chose sera toujours ainsi. Il arrive souvent que dans une époque donnée, la même idée est représentée à la fois à des degrés différens par un homme de génie et par un homme de talent. Cette position est une heureuse chance pour l'homme de talent. Le succès présent et incontesté lui appartient. (Il est vrai que cette espèce de succès-là ne prouve rien et s'évanouit vite.) La jalousie et la haine vont droit au plus fort. La médiocrité serait bien importunée par l'homme de talent si l'homme de génie n'était pas là; mais l'homme de génie est là, elle soutient l'homme de talent et se sert de lui contre le maître. Elle se leurre de l'espoir chimérique de renverser le premier, et dans ce cas-là (qui ne peut se réaliser d'ailleurs) elle compte avoir ensuite bon marché du second ; en attendant, elle l'appuie et le porte le plus haut qu'elle peut. La médiocrité est pour celui qui la gêne le moins et qui lui ressemble le plus. Dans cette situation, tout ce qui est ennemi à l'homme de génie est ami à l'homme de talent. La comparaison qui devrait écraser celui-ci l'exhausse. De toutes les pierres que le pic et la pioche et la calomnie et la diatribe et l'injure peuvent arracher à la base du grand homme, on fait un piédestal à l'homme secondaire. Ce qu'on fait crouler de l'un sert à la construction de l'autre. C'est ainsi que vers 1790 on bâtissait Barnave avec tout ce qu'on ruinait de Mirabeau.

Rivarol disait : *M. Mirabeau est plus écrivain, M. Barnave est plus orateur.* — Pelletier disait : *le Barnave oui, le Mirabeau non.* — *La mémorable séance du* 13, écrivait Chamfort, *a prouvé plus que jamais la prééminence déjà démontrée depuis long-temps de M. Barnave sur M. de Mirabeau comme orateur.* — *Mirabeau est mort*, murmurait M. Target en serrant la main de Barnave, *son discours sur la formule de promulgation l'a tué. — Barnave, vous avez enterré Mirabeau*, ajoutait Duport, appuyé du sourire de Lameth, lequel était à Duport comme Duport à Barnave, un diminutif.— *M. Barnave fait plaisir*, disait M. Goupil, *et M. Mirabeau fait peine. — Le comte de Mirabeau a des éclairs*, disait M. Camus, *mais il ne fera jamais un discours, il ne saura même jamais ce que c'est. Parlez-moi de Barnave! — M. Mirabeau a beau se fatiguer et suer*, disait Robespierre, *il n'atteindra jamais Barnave, qui n'a pas l'air de prétendre tant que lui et qui vaut plus* [1]. Toutes ces pauvres petites injustices égratignaient Mirabeau et le faisaient souffrir au milieu de sa puissance et de ses triomphes. Coups d'épingle au porte-massue.

Et si la haine, dans son besoin de lui opposer quelqu'un, n'importe qui, n'avait

[1] Faute de français. Il faudrait *qui vaut davantage*.

pas eu un homme de talent sous la main, elle aurait pris un homme médiocre. Elle ne s'embarrasse jamais de la qualité de l'étoffe dont elle fait son drapeau. Mairet a été préféré à Corneille, Pradon à Racine. Voltaire s'écriait, il n'y a pas cent ans :

On m'ose préférer Crébillon le barbare !

En 1808, Geoffroy, le critique le plus écouté qui fût en Europe, mettait « M. Lafon fort au-dessus de M. Talma ». Merveilleux instincts des coteries ! En 1798, on préférait Moreau à Bonaparte, en 1815, Wellington à Napoléon.

Nous le répétons, parce que selon nous la chose est singulière, Mirabeau daignait s'irriter de ces misères. Le parallèle avec Barnave l'offusquait. S'il avait regardé dans l'avenir, il aurait souri ; mais c'est en général le défaut des orateurs politiques, hommes du présent avant tout, d'avoir l'œil trop fixé sur les contemporains et pas assez sur la postérité.

Ces deux hommes, Barnave et Mirabeau, présentaient d'ailleurs un contraste parfait. Dans l'Assemblée, quand l'un ou l'autre se levait, Barnave était toujours accueilli par un sourire, et Mirabeau par une tempête. Barnave avait en propre l'ovation du moment, le triomphe du quart-d'heure, l'applaudissement de tous, même du côté droit. Mirabeau avait la lutte et l'orage. Barnave était un assez beau jeune homme et un très-beau parleur. Mirabeau, comme disait spirituellement Rivarol, était un *monstrueux bavard*. Barnave était de ces hommes qui prennent chaque matin la mesure de leur auditoire ; qui tâtent le pouls de leur public ; qui ne se hasardent jamais hors de la possibilité d'être applaudis ; qui baisent toujours humblement le talon du succès ; qui arrivent à la tribune, quelquefois avec l'idée du jour, le plus souvent avec l'idée de la veille, jamais avec l'idée du lendemain, de peur d'aventure ; qui ont une faconde bien nivelée, bien plane et bien roulante, sur laquelle cheminent et circulent à petit bruit avec leurs divers bagages toutes les idées communes de leur temps; qui, de crainte d'avoir des pensées trop peu imprégnées de l'atmosphère de tout le monde, mettent sans cesse leur jugement dans la rue comme un thermomètre à leur fenêtre. Mirabeau au contraire était l'homme de l'idée neuve, de l'illumination soudaine, de la proposition risquée; fougueux, échevelé, imprudent, toujours inattendu partout, choquant, blessant, renversant, n'obéissant qu'à lui-même, cherchant le succès sans doute, mais après beaucoup d'autres choses, et aimant mieux encore être applaudi par ses passions dans son cœur que par le peuple dans les tribunes; bruyant, trouble, rapide, profond, rarement transparent, jamais guéable, et roulant pêle-mêle dans son écume toutes les idées de son époque souvent fort rudoyées dans leur rencontre avec les siennes. L'éloquence de Barnave à côté de l'éloquence de Mirabeau, c'était un grand chemin côtoyé par un torrent.

Aujourd'hui que le nom de Mirabeau est si grand et si accepté, on a peine à se faire une idée de la façon excessive dont il était traité par ses collègues et par ses contemporains. C'était M. de Guillermy s'écriant tandis qu'il parlait: *M. Mirabeau est un scélérat, un assassin!* C'étaient MM. d'Ambly et de Lautrec vociférant : *ce Mirabeau est un grand gueux !* Après quoi M. de Foucault lui montrait le poing, et M. de Virieu disait : *monsieur Mirabeau, vous nous insultez.* Quand la haine ne parlait pas, c'était le mépris. *Ce petit Mirabeau!* disait M. de Castellanet au côté droit. *Cet extravagant!* disait M. Lapoule au côté gauche. Et, lorsqu'il avait parlé, Robespierre grommelait entre ses dents : *cela ne vaut rien.*

Quelquefois cette haine d'une si grande partie de son auditoire laissait trace dans son éloquence, et au milieu de son magnifique discours *sur la régence*, par exemple, il échappait à ses lèvres dédaigneuses des paroles comme celles-ci, paroles mélancoliques, simples, résignées et hautaines, que tout homme dans une situation pareille devrait méditer : « Pendant » que je parlais et que j'exprimais mes » premières idées sur la régence, j'ai entendu dire avec cette indubitabilité charmante à laquelle je suis dès long-temps » apprivoisé : *Cela est absurde! cela est extravagant! cela n'est pas proposable!* Mais » il faudrait réfléchir. » Il parlait ainsi le 25 mars 1791, sept jours avant sa mort.

Au dehors de l'Assemblée, la presse le déchirait avec une étrange fureur. C'était une pluie battante de pamphlets sur cet homme. Les partis extrêmes le mettaient au même pilori. Ce nom, *Mirabeau*, était prononcé avec le même accent à la caserne des gardes-du-corps et au club des Cordeliers. M. de Champcenetz disait: *Cet homme a la petite-vérole à l'âme*. M. de Lambesc proposait de le faire enlever par vingt cavaliers et *conduire aux galères*. Marat écrivait : « Citoyens, élevez huit cents potences, » pendez-y tous ces traîtres, et à leur tête

» l'infâme Riquetti l'aîné! » Et Mirabeau ne voulait pas que l'Assemblée nationale poursuivît Marat, se contentant de répondre : « Il paraît qu'on publie des extra» vagances. C'est un paragraphe d'homme » ivre. »

Ainsi, jusqu'au 1er avril 1791, Mirabeau est *un gueux* [1], *un extravagant* [2], *un scélérat, un assassin* [3], *un fou* [4], *un homme médiocre* [5], *un orateur du second ordre* [6], *un monstrueux bavard* [7], *hué, sifflé, conspué plus encore qu'applaudi* [8]; Lambesc propose pour lui *les galères*, Marat *la potence*. Il meurt le 2 avril. Le 3 on invente pour lui le Panthéon.

Grands hommes, voulez-vous avoir raison demain? mourez aujourd'hui.

1 MM. d'Ambly et de Lautrec.

2 M. Lapoule.

3 M. de Guillermy.

4 5 6 Journaux et pamphlets du temps.

7 Rivarol.

8 Pelletier.

§ III.

Le peuple, cependant, qui a un sens particulier et le rayon visuel toujours singulièrement droit, qui n'est pas haineux, parce qu'il est fort, qui n'est pas envieux, parce qu'il est grand, le peuple, qui connaît les hommes, tout enfant qu'il est, le peuple était pour Mirabeau. Mirabeau était selon le peuple de 89, et le peuple de 89 était selon Mirabeau. Il n'est pas de plus beaux spectacles pour le penseur que ces embras-

3

semens étroits du génie et de la foule.

L'influence de Mirabeau était niée et était immense. C'était toujours lui, après tout, qui avait raison; mais il n'avait raison sur l'assemblée que par le peuple, et il gouvernait les chaises curules par les tribunes. Ce que Mirabeau avait dit en mots précis, la foule le redisait en applaudissemens, et, sous la dictée de ces applaudissemens, bien à contre-cœur souvent, la législature écrivait. Libelles, pamphlets, calomnies, injures, interruptions, menaces, huées, éclats de rire, sifflets, n'étaient tout au plus que des cailloux jetés dans le courant de sa parole, qui servaient par momens à la faire écumer. Voilà tout. Quand l'orateur souverain, pris d'une subite pensée, montait à la tribune; quand cet homme se trouvait face à face avec son peuple; quand il était là debout et marchant sur l'envieuse assemblée, comme l'Homme-Dieu sur la mer, sans être englouti par elle; quand son regard sardonique et lumineux, fixé, du haut de cette tribune, sur les hommes et sur les idées de son temps, avait l'air de mesurer la petitesse des hommes sur la grandeur des idées, alors il n'était plus ni calomnié, ni hué, ni injurié, ses ennemis avaient beau faire, avaient beau dire, avaient beau amonceler contre lui, le premier souffle de sa bouche ouverte pour parler faisait crouler tous ces entassemens. Quand cet homme était à la tribune dans la fonction de son génie, sa figure devenait splendide, et tout s'évanouissait devant elle.

Mirabeau, en 1791, était donc tout à la fois bien haï et bien aimé; génie haï par les beaux-esprits, homme aimé par le peuple. C'était une illustre et désirable existence que celle de cet homme qui disposait à son gré de toutes les âmes alors ouvertes vers l'avenir; qui, avec de magiques paroles et par une sorte d'alchimie mystérieuse, convertissait en pensées, en systèmes, en volontés raisonnées, en plans précis d'amélioration et de réforme, les vagues instincts des multitudes; qui nourrissait l'esprit de son temps de toutes les idées que sa grande intelligence émiettait sur la foule; qui, sans relâche et à tour de bras, battait et flagellait sur la table de la tribune, comme le blé sur l'aire, les hommes et les choses de son siècle, pour séparer la paille que la république devait consumer, du grain que la révolution devait féconder; qui donnait à la fois des insomnies à Louis XVI et à Robespierre, à Louis XVI dont il attaquait le trône, à Robespierre, dont il eût attaqué la guillotine; qui pouvait se dire chaque matin en s'éveillant: Quelle ruine ferai-je aujourd'hui avec ma parole? qui était pape, en ce sens qu'il menait les esprits; qui était Dieu, en ce sens qu'il menait les événemens.

Il mourut à temps. C'était une tête souveraine et sublime. 91 la couronna, 93 l'eût coupée.

§ IV.

Quand on suit pas à pas la vie de Mirabeau depuis sa naissance jusqu'à sa mort, depuis l'humble piscine baptismale du Bignon jusqu'au Panthéon, on voit que, comme tous les hommes de sa trempe et de sa mesure, il était prédestiné.

Un tel enfant ne pouvait manquer d'être un grand homme.

Au moment où il vient au monde, la grosseur surhumaine de sa tête met la vie de sa mère en danger. Quand la vieille monarchie française, son autre mère, mit au monde sa renommée, elle manqua aussi en mourir.

A l'âge de cinq ans, Poisson, son précepteur, lui dit d'*écrire ce qui lui viendrait dans la tête.* « Le petit, » comme dit son père, écrivit littéralement ceci : « Monsieur moi, je vous prie de prendre at-
» tention à votre écriture et de ne pas faire
» de pâtés sur votre exemple; d'être at-
» tentif à ce qu'on fait; obéir à son père,
» à son maître, à sa mère; ne point con-
» trarier; point de détours, de l'honneur
» surtout. N'attaquez personne, hors qu'on
» ne vous attaque. *Défendez votre patrie.*
» Ne soyez point méchant avec les domes-
» tiques. Ne familiarisez pas avec eux. Ca-
» cher les défauts de son prochain, parce
» que cela peut arriver à soi-même [1]. »

A onze ans, voici ce que le duc de Ni-

[1] Ce singulier document est cité textuellement dans une lettre inédite du marquis au bailli de Mirabeau, du 9 décembre 1754.

vernois écrit de lui au bailli de Mirabeau, dans une lettre datée de Saint-Maur, du 11 septembre 1760 : « L'autre jour, dans » des prix qu'on gagne chez moi à la » course, il gagne le prix, qui était un » chapeau, se retourne vers un adolescent » qui avait un bonnet, et, lui mettant sur » la tête le sien, qui était encore fort bon, » *Tiens*, dit-il, *je n'ai pas deux têtes*. Ce » jeune homme me parut alors l'empereur » du monde; je ne sais quoi de divin » transpira rapidement dans son attitude; » j'y rêvai, j'en pleurai, et la leçon me fut » fort bonne. »

A douze ans, son père disait de lui : « C'est un cœur haut sous la jaquette d'un » bambin. Cela a un étrange instinct d'or- » gueil, noble pourtant. C'est un embryon » de matamore ébouriffé qui veut avaler » tout le monde avant d'avoir douze » ans [1]. »

A seize ans, il avait la mine si hardie et

[1] Lettre inédite à madame la comtesse de Rochefort, 29 novembre 1761.

si hautaine, que le prince de Conti lui demande : *Que ferais-tu si je te donnais un soufflet?* Il répond : *Cette question eût été embarrassante avant l'invention des pistolets à deux coups.*

A vingt et un ans (1770), il commence à écrire une histoire de la Corse au moment où quelqu'un venait d'y naître. Singulier instinct des grands hommes!

A cette même époque, son père, qui le tenait bien sévèrement, porte sur lui ce pronostic étrange : *C'est une bouteille ficelée depuis vingt-un ans. Si elle est jamais débouchée tout-à-coup sans précaution, tout s'en ira!*

A vingt-deux ans, il est présenté à la cour. Madame Elisabeth, alors âgée de six ans, lui demande *s'il a été inoculé.* Et toute la cour de rire. Non, il n'avait pas été inoculé. Il portait en lui le germe d'une contagion qui plus tard devait gagner tout un peuple.

Il se produit à la cour avec une extrême assurance, portant déjà le front aussi haut que le roi, étrange pour tous, odieux pour beaucoup. *Il est aussi entrant que j'étais farouche*, dit le père, qui n'avait jamais voulu *s'enversailler*, lui, « oiseau » hagard dont le nid fut entre quatre tou» relles. » — « Il retourne les grands comme » fagots. Il a *ce terrible don de la familiarité*, » comme disait Grégoire-le-Grand. » Et puis, le vieux et fier gentilhomme ajoute : « Comme depuis cinq cents ans on a » toujours souffert des Mirabeau qui n'ont » jamais été faits comme les autres, on » souffrira encore celui-ci. »

A vingt-quatre ans, le père, philosophe agricole, veut prendre son fils avec lui, et » le faire rural. » Il n'y peut réussir. « Il est » bien malaisé de manier la bouche de cet » animal fougueux ! » s'écrie le vieillard.

L'oncle, le bailli, examine froidement le jeune homme et dit : « S'il n'est pas » pire que Néron, il sera meilleur que » Marc-Aurèle. »

En tout, laissons mûrir ce fruit vert, répond le marquis.

Le père et l'oncle correspondent entre eux sur l'avenir du jeune homme déjà si aventuré dans la mauvaise vie. *Ton neveu l'Ouragan,* dit le père. *Ton fils, monsieur le comte de la Bourrasque,* réplique l'oncle.

Le bailli, vieux marin, ajoute : *Les trente-deux vents de la boussole sont dans sa tête.*

A trente ans, *le fruit mûrit.* Déjà les nouveautés commencent à reluire dans l'œil profond de Mirabeau. On voit qu'il est plein de pensées. *Ce cerveau est un fourneau encombré,* dit le prudent bailli. Dans un autre moment l'oncle écrit cette observation d'homme effrayé : « Quand il » passe quelque chose dans sa tête, il » avance le front, et ne regarde plus » nulle part. »

De son côté, le père s'étonne de *ce hachement d'idées qui voit par éclairs.* Il s'écrie : « Fouillis dans sa tête, bibliothè- » que renversée, talent pour éblouir par » des superficies, il a humé toutes les » formules et ne sait rien substancier ! » Il ajoute, ne comprenant déjà plus sa créature : « Dans son enfance, ce n'était » qu'un mâle monstrueux au moral » comme au physique. » Aujourd'hui, c'est un homme *tout de reflet et de réverbère;* un fou « tiré à droite par le cœur et » à gauche par la tête qu'il a toujours à » quatre pas de lui. » Et puis le vieillard ajoute, avec un sourire mélancolique et résigné : « Je tache de verser sur cet » homme ma tête, mon âme et mon cœur. » Enfin, comme l'oncle, il a aussi par moment ses pressentimens, ses terreurs, ses anxiétés, ses doutes. Il sent, lui père, tout ce qui se remue dans la tête de son fils, *comme la racine sent l'ébranlement des feuilles.*

Voilà ce qu'est Mirabeau à trente ans. Il était fils d'un père qui s'était défini ainsi lui-même : « Et moi aussi, madame, tout gourd et lourd que vous me » voyez, je prêchais à trois ans ; à six, » j'étais un prodige; à douze, un objet » d'espoir; à vingt, un brûlot; à trente, » un politique de théorie ; à quarante,

» je ne suis plus qu'un bon homme. »

A quarante ans, Mirabeau est un grand homme.

A quarante ans, il est l'homme d'une révolution.

A quarante ans, il se déclare autour de lui en France une de ces formidables anarchies d'idées où se fondent les sociétés qui ont fait leur temps. Mirabeau en est le despote.

C'est lui qui, silencieux jusqu'alors, crie le 23 juin 1789 à M. de Brézé : *Allez dire à* VOTRE MAITRE...! *Votre maître!* c'est le roi de France déclaré étranger. C'est toute une frontière tracée entre le trône et le peuple. C'est la révolution qui laisse échapper son cri. Personne ne l'eût osé avant Mirabeau. Il n'appartient qu'aux grands hommes de prononcer les mots décisifs des époques.

Plus tard, on insultera Louis XVI plus gravement en apparence, on le battra à terre, on le raillera dans les fers, on le huera sur l'échafaud. La république en bonnet rouge mettra ses poings sur ses hanches, et lui dira des gros mots, et l'appellera *Louis Capet*. Mais il ne sera plus rien dit à Louis XVI d'aussi redoutable et d'aussi effectif que cette parole fatale de Mirabeau. *Louis Capet*, c'est la royauté frappée au visage; *votre maître*, c'est la royauté frappée au cœur.

Aussi, à dater de ce mot, Mirabeau est l'homme du pays, l'homme de la grande émeute sociale, l'homme dont la fin de ce siècle a besoin. Populaire sans être plébéien, chose rare en des temps pareils! Sa vie privée est résorbée par sa vie publique. Honoré de Riquetti, cet homme perdu, est désormais illustre, écouté et considérable. L'amour du peuple lui fait une cuirasse aux sarcasmes de ses ennemis. Sa personne est la plus éclairée de toutes celles que la foule regarde. Les passans s'arrêtent quand il traverse une rue, et pendant les deux années qu'il remplit, sur tous les coins de murs de Paris les petits enfans du peuple écrivent sans faute son nom, que quatre-vingts ans auparavant Saint-Simon, avec son dédain de duc et pair, écrivait *Mirebaut*, sans se douter qu'un jour Mirebaut ferait *Mirabeau*.

Il y a des parallélismes bien frappans dans la vie de certains hommes. Cromwell, encore obscur, désespérant de son avenir en Angleterre, veut partir pour la Jamaïque; les réglemens de Charles Ier l'en empêchent. Le père de Mirabeau, ne voyant aucune existence possible en France pour son fils, veut envoyer le jeune homme aux colonies hollandaises; un ordre du roi s'y oppose. Or, ôtez Cromwell de la révolution d'Angleterre, ôtez Mirabeau de la révolution de France, vous ôtez peut-être des deux révolutions deux échafauds. Qui sait si la Jamaïque n'eût pas sauvé Charles Ier, et Batavia Louis XVI?

Mais non, c'est le roi d'Angleterre qui veut garder Cromwell; c'est le roi de France qui veut garder Mirabeau. Quand un roi est condamné à mort, la Providence lui bande les yeux.

Chose étrange que ce qu'il y a de plus grand dans l'histoire d'une société tienne si souvent à ce qu'il y a de plus petit dans la vie d'un homme !

La première partie de la vie de Mirabeau est remplie par Sophie, la seconde par la révolution. Un orage domestique, puis un orage politique, voilà Mirabeau. Quand on examine de près sa destinée, on se rend raison de ce qu'il y eut en elle de fatal et de nécessaire. Les déviations de son cœur s'expliquent par les secousses de sa vie.

Voyez : jamais les causes n'ont été nouées de plus près aux effets. Le hasard lui donne un père qui lui enseigne le mépris de sa mère ; une mère qui lui enseigne la haine de son père ; un précepteur, c'est Poisson, qui n'aime pas les enfans et qui lui est dur parce qu'il est petit et parce qu'il est laid ; un valet, c'est Grévin, le lâche espion de ses ennemis ; un colonel, c'est le marquis de Lambert, qui est aussi impitoyable pour le jeune homme que Poisson l'a été pour l'enfant; une belle-mère (non mariée), c'est madame de Pailly, qui le hait parce qu'il n'est pas d'elle; une femme, c'est mademoiselle de Marignane, qui le repousse; une caste, c'est la noblesse, qui le renie; des juges, c'est le parlement de Besançon, qui le condamne à mort; un roi, c'est Louis XV, qui l'embastille. Ainsi, père, mère, femme, son précepteur, son colonel, la magistrature, la noblesse, le roi, c'est-à-dire tout ce qui entoure et côtoie l'existence d'un homme dans l'ordre légitime et naturel, tout est pour lui traverse, obstacle, pierre dure à ses pieds nus, buisson d'épines qui le déchire au passage. La famille et la société tout ensemble lui sont marâtres. Il ne rencontre dans la vie que deux choses qui le traitent bien et qui l'aiment, deux choses irrégulières et révoltées contre l'ordre, une maîtresse et une révolution.

Ne vous étonnez donc pas que pour la

maîtresse il brise tous les liens domestiques, que pour la révolution il brise tous les liens sociaux.

Ne vous étonnez pas, pour résoudre la question dans les termes où nous l'avons posée en commençant, que ce démon d'une famille devienne l'idole d'une femme en rébellion contre son mari, et le dieu d'une nation en divorce avec son roi.

§ V.

La douleur que causa la mort de Mirabeau fut une douleur générale, universelle, nationale. On sentit que quelque chose de la pensée publique venait de s'en aller avec cette âme. Mais un fait frappant, et qu'il faut bien dire parce qu'il serait ingénu de l'attribuer à l'admiration emportée et irréfléchie des contemporains, c'est que la cour porta son deuil comme le peuple.

Un sentiment de pudeur insurmontable nous empêche de sonder ici de certains mystères, parties honteuses du grand homme, qui d'ailleurs selon nous se perdent heureusement dans les colossales proportions de l'ensemble ; mais il paraît prouvé que dans les derniers temps de sa vie la cour affirmait avoir quelques raisons d'espérer en lui. Il est patent qu'à cette époque Mirabeau se cabra plus d'une fois sous l'entraînement révolutionnaire; qu'il manifesta par momens l'envie de faire halte et de laisser rejoindre; que lui, qui avait tant d'haleine, il ne suivit pas sans essoufflement la marche de plus en plus accélérée des idées nouvelles, et qu'il essaya en quelques occasions d'enrayer cette révolution à laquelle il avait forgé des roues.

Roues fatales, qui écrasaient tant de choses vénérables en passant !

Il y a encore aujourd'hui beaucoup de personnes qui pensent que si Mirabeau avait eu plus longue vie, il aurait fini par mâter le mouvement qu'il avait déchaîné. A leur sens, la révolution française pouvait être arrêtée, par un seul homme à la vérité, qui était Mirabeau. Dans cette opinion, qui s'autorise d'une parole que Mirabeau mourant n'a évidemment pas prononcée [1], Mirabeau expiré, la monarchie était perdue; si Mirabeau avait vécu, Louis XVI ne serait pas mort; et le 2 avril 1791 a engendré le 21 janvier 1793.

Selon nous, ceux qui avaient cette persuasion alors, ceux qui l'ont eue aujourd'hui, Mirabeau lui-même, s'il croyait cela possible de lui, tous se sont trompés. Pure illusion d'optique chez Mirabeau comme chez les autres, et qui prouverait qu'un grand homme n'a pas toujours une idée nette de l'espèce de puissance qui est en lui.

La révolution française n'était pas un

[1] *J'emporte le deuil de la monarchie. Après moi les factieux s'en disputeront les lambeaux.* Cabanis a cru entendre cela.

fait simple. Il y avait plus et autre chose que Mirabeau en elle.

Il ne suffisait pas à Mirabeau d'en sortir pour la vider.

Il y avait dans la révolution française du passé et de l'avenir. Mirabeau n'était que le présent.

Pour n'indiquer ici que deux points culminans, la révolution française se compliquait de Richelieu dans le passé et de Bonaparte dans l'avenir.

Les révolutions ont cela de particulier que ce n'est pas quand elles sont encore grosses qu'on peut les tuer.

D'ailleurs, en supposant même la question moins abondante qu'elle ne l'est, il est à observer que, dans les choses politiques surtout, ce qu'un homme a fait ne peut guère jamais être défait que par un autre homme.

Le Mirabeau de 91 était impuissant contre le Mirabeau de 89. Son œuvre était plus forte que lui.

Et puis les hommes comme Mirabeau

ne sont pas la serrure avec laquelle on peut fermer la porte des révolutions. Ils ne sont que le gond sur lequel elle tourne, pour se clore, il est vrai, comme pour s'ouvrir. Pour fermer cette fatale porte, sur les panneaux de laquelle font incessamment effort toutes les idées, tous les intérêts, toutes les passions mal à l'aise dans la société, il faut mettre dans les ferrures une épée en guise de verrou.

§ VI.

Nous avons essayé de caractériser ce qu'a été Mirabeau dans la famille, puis ce qu'il a été dans la nation. Il nous reste à examiner ce qu'il sera dans la postérité.

Quelques reproches qu'on ait pu justement lui faire, nous croyons que Mirabeau restera grand.

Devant la postérité, tout homme et toute chose s'absout par la grandeur.

Aujourd'hui que presque toutes les

choses qu'il a semées ont donné leurs fruits dont nous avons goûté, la plupart bons et sains, quelques-uns amers; aujourd'hui que le haut et le bas de sa vie n'ont plus rien de disparate aux yeux, tant les années qui s'écoulent mettent bien les hommes en perspective; aujourd'hui qu'il n'y a plus pour son génie ni adoration ni exécration, et que cet homme, furieusement ballotté tant qu'il vécut d'une extrémité à l'autre, a pris l'attitude calme et sereine que la mort donne aux grandes figures historiques; aujourd'hui que sa mémoire, si long-temps traînée dans la fange et baisée sur l'autel, a été retirée du Panthéon de Voltaire et de l'égoût de Marat, nous pouvons froidement le dire: Mirabeau est grand. Il lui est resté l'odeur du Panthéon et non de l'égoût. L'impartialité historique, en nettoyant sa chevelure souillée dans le ruisseau, ne lui a pas de la même main enlevé son auréole. On a lavé la boue de ce visage, et il continue de rayonner.

Après qu'on s'est rendu compte de l'immense résultat politique que le total de ses facultés a produit, on peut envisager Mirabeau sous un double aspect, comme écrivain et comme orateur. Ici nous prenons la liberté de ne pas être de l'avis de Rivarol, nous croyons Mirabeau plus grand comme orateur que comme écrivain.

Le marquis de Mirabeau son père avait deux espèces de style, et comme deux plumes dans son écritoire. Quand il écrivait un livre, un bon livre pour le public, pour l'effet, pour la cour, pour la Bastille, pour le grand escalier du Palais-de-justice, le digne seigneur se drapait, se roidissait, se boursoufflait, couvrait sa pensée, déjà fort obscure par elle-même, de toutes les ampoules de l'expression; et l'on ne peut se figurer sous quel style à la fois plat et bouffi, lourd et traînant en longues queues de phrases interminables, chargé de néologismes au point de n'avoir plus nulle cohésion dans le tissu, sous quel style, disons-nous, tout ensemble incolore et incorrect, se travestissait l'originalité naturelle et incontestable de cet étrange écrivain, moitié gentilhomme et moitié philosophe; préférant Quesnay à Socrate et Lefranc de Pompignan à Pindare; dédaignant Montesquieu comme arriéré et tenant à être harangué par son curé; habitant amphibie des rêveries du dix-huitième siècle et des préjugés du seizième. Mais quand cet homme, ce même homme, voulait écrire une lettre, quand il oubliait le public et ne s'adressait plus qu'à *la longue mine roide et froide* de son vénérable frère le bailli, ou à sa fille *la petite Saillannette*, « la plus émolliente femme qui fût ja- » mais, » ou encore à la jolie tête rieuse de madame de Rochefort, alors cet esprit tuméfié de prétention se détendait; plus d'effort, plus de fatigue, plus de gonflement apoplectique dans l'expression; sa pensée se répandait sur la lettre de famille et d'intimité, vive, originale, colorée, curieuse, amusante, profonde, gracieuse, naturelle enfin, à travers ce beau style-grand-seigneur du temps de Louis XIV, que Saint-Simon parlait avec toutes les qualités de l'homme et madame de Sévigné avec toutes les qualités de la femme. On a pu en juger par les fragmens que nous avons cités. Après un livre du marquis de Mirabeau, une lettre de lui c'est une révélation. On a peine à y croire. Vous avez deux styles et vous n'avez qu'un homme.

Sous ce rapport, le fils tenait quelque peu du père. On pourrait dire, avec beaucoup d'adoucissemens et de restrictions néanmoins, qu'il y a la même différence entre son style écrit et son style parlé. Notons seulement ceci, que le père était à l'aise dans une lettre, le fils dans un discours. Pour être lui, pour être naturel, pour être dans son milieu, il fallait à l'un sa famille, à l'autre une nation.

Mirabeau qui écrit, c'est quelque chose de moins que Mirabeau. Soit qu'il démontre à la jeune république américaine l'inanité de son *ordre de Cincin-*

natus, et ce qu'il y a de gauche et d'inconsistant dans une chevalerie de laboureurs ; soit qu'il taquine *sur la liberté de l'Escaut* Joseph II, cet empereur philosophe, ce Titus selon Voltaire, ce buste de césar romain dans le goût Pompadour; soit qu'il fouille dans les doubles-fonds du cabinet de Berlin, et qu'il en tire cette *Histoire secrète* que la cour de France fait livrer juridiquement aux flammes sur l'escalier du Palais, maladresse insigne, car de ces livres brûlés par la main du bourreau il s'échappait toujours des flammèches et des étincelles, lesquelles se dispersaient au loin, selon le vent qui soufflait, sur le toit vermoulu de la grande société européenne, sur la charpente des monarchies, sur tous les esprits, pleins d'idées inflammables, sur toutes les têtes, faites d'étoupe alors ; soit qu'il invective au passage cette charretée de charlatans qui a fait tant de bruit sur le pavé du dix-huitième siècle, Necker, Beaumarchais, Lavater, Calonne et Cagliostro; quel que soit le livre qu'il écrit enfin, sa pensée suffit toujours au sujet, mais son style ne suffit pas toujours à sa pensée. Son idée est constamment grande et haute ; mais, pour sortir de son esprit, elle se courbe et se rapetisse sous l'expression comme sous une porte trop basse. Excepté dans ses éloquentes lettres à madame de Monnier, où il est lui tout entier, où il parle plutôt qu'il n'écrit, et qui sont des harangues d'amour [1] comme ses discours à la Constituante sont des harangues de révolution ; excepté là, disons-nous, le style qu'il trouve dans son écritoire est en général d'une forme médiocre, pâteux, mal lié, mou aux extrémités des phrases, sec d'ailleurs, se composant une couleur terne avec des épithètes banales, pauvre en images, ou n'offrant par places, et bien rarement encore, que des mosaïques bizarres de métaphores peu adhérentes entre elles. On sent en le lisant que les idées de cet homme ne sont pas, comme celles des grands pro-

[1] Nous entendons ne qualifier ainsi que celles de ces lettres qui sont passion pure. Nous jetons sur les autres le voile qui convient

sateurs nés, faites de cette substance particulière qui se prête, souple et molle, à toutes les ciselures de l'expression, qui s'insinue bouillante et liquide dans tous les recoins du moule où l'écrivain la verse, et se fige ensuite; lave d'abord, granit après. On sent en le lisant que bien des choses regrettables sont restées dans sa tête, que le papier n'a qu'un à-peu-près, que ce génie n'est pas conformé de façon à s'exprimer complètement dans un livre, et qu'une plume n'est pas le meilleur conducteur possible pour tous les fluides comprimés dans ce cerveau plein de tonnerres.

Mirabeau qui parle, c'est Mirabeau. Mirabeau qui parle, c'est l'eau qui coule, c'est le flot qui écume, c'est le feu qui étincelle, c'est l'oiseau qui vole, c'est une chose qui fait son bruit propre, c'est une nature qui accomplit sa loi. Spectacle toujours sublime et harmonieux!

Mirabeau à la tribune, tous les contemporains sont unanimes sur ce point maintenant, c'est quelque chose de magnifique. Là il est bien lui, lui tout entier, lui tout puissant. Là plus de table, plus de papier, plus d'écritoire hérissée de plumes, plus de cabinet solitaire, plus de silence et de méditation; mais un marbre qu'on peut frapper, un escalier qu'on peut monter en courant; une tribune, espèce de cage de cette sorte de bête fauve, où l'on peut aller et venir, marcher, s'arrêter, souffler, haleter, croiser ses bras, crisper ses poings, peindre sa parole avec son geste, et illuminer une idée avec un coup d'œil; un tas d'hommes qu'on peut regarder fixement; un grand tumulte, magnifique accompagnement pour une grande voix; une foule qui hait l'orateur, l'assemblée, enveloppée d'une foule qui l'aime, le peuple; autour de lui toutes ces intelligences, toutes ces âmes, toutes ces passions, toutes ces médiocrités, toutes ces ambitions, toutes cesn atures diverses et qu'il connaît et desquelles il peut tirer le son qu'il veut comme des touches d'un immense clavecin; au-dessus de lui, la voûte de la salle de l'Assemblée constituante, vers laquelle ses yeux se lèvent souvent comme pour y chercher des pensées, car on renverse les monarchies avec les idées qui tombent d'une pareille voûte sur une pareille tête.

Oh! qu'il est bien là sur son terrain, cet homme! qu'il y a bien le pied ferme et sûr! que ce génie qui s'amoindrissait dans des livres est grand dans un discours! comme la tribune change heureusement les conditions de la production extérieure pour cette pensée! Après Mirabeau écrivain Mirabeau orateur, quelle transfiguration!

Tout en lui était puissant. Son geste brusque et saccadé était plein d'empire. A la tribune, il avait un colossal mouvement d'épaules, comme l'éléphant qui porte sa tour armée en guerre. Lui il portait sa pensée. Sa voix, lors même qu'il ne jetait qu'un mot de son banc, avait un accent formidable et révolutionnaire qu'on démêlait dans l'assemblée comme le rugissement du lion dans la ménagerie. Sa chevelure, quand il secouait la tête, avait quelque chose d'une crinière. Son sourcil remuait tout, comme celui de Jupiter, *cuncta supercilio moventis*. Ses mains quelquefois semblaient pétrir le marbre de la tribune. Tout son visage, toute son attitude, toute sa personne était bouffie d'un orgueil pléthorique qui avait sa grandeur. Sa tête avait une laideur grandiose et fulgurante dont l'effet, par momens, était électrique et terrible. Dans les premiers temps, quand rien n'était encore visiblement décidé pour ou contre la royauté ; quand la partie avait l'air presque égale entre la monarchie encore forte et les théories encore faibles ; quand aucune des idées qui devaient plus tard avoir l'avenir n'était encore arrivée à sa croissance complète ; quand la révolution, mal gardée et mal armée, paraissait facile à prendre d'assaut, il arrivait quelquefois que le côté droit, croyant avoir jeté bas quelque mur de la forteresse, se ruait en masse sur elle avec des cris de victoire ; alors la tête monstrueuse de Mirabeau apparaissait à la brèche et pétrifiait les assaillans. Le génie de la révolution s'était forgé une égide avec toutes les doctrines amalgamées de Voltaire, d'Helvétius, de Diderot, de Bayle, de Montesquieu, de Locke et de Rousseau, et avait mis la tête de Mirabeau au milieu.

Il n'était pas seulement grand à la tribune, il était grand sur son siége; l'interrupteur égalait en lui l'orateur. Il mettait souvent autant de choses dans un mot que dans un discours. *Lafayette a une armée*, disait-il à M. de Suleau; *mais j'ai ma tête*. Il interrompait Robespierre avec cette parole profonde: *Cet homme ira loin, car il croit tout ce qu'il dit.*

Quelquefois il caractérisait d'un mot qu'on eût dit traduit de Tacite l'histoire et le genre de génie de toute une maison souveraine. Il criait aux ministres, par exemple : *Ne me parlez pas de votre duc de Savoie, mauvais voisin de toute liberté!*

Quelquefois il riait. Le rire de Mirabeau, chose formidable!

Il raillait la Bastille. « Il y a eu, disait-» il, cinquante-quatre lettres de cachet » dans ma famille, et j'en ai eu dix-sept

» pour ma part. Vous voyez que j'ai été
» traité en aîné de Normandie. »

Il se raillait lui-même. Il est accusé par M. de Valfond d'avoir parcouru, le 6 octobre, les rangs du régiment de Flandre, un sabre nu à la main, et parlant aux soldats. Quelqu'un démontre que le fait concerne M. de Gamaches et non pas Mirabeau; et Mirabeau ajoute : « Ainsi, tout
» pesé, tout examiné, la déposition de
» M. de Valfond n'a rien de bien fâ-
» cheux que pour M. de Gamaches, qui se
» trouve légalement et véhémentement
» soupçonné d'être fort laid, puisqu'il me
» ressemble. »

Quelquefois il souriait. Lorsque la question de la régence se débat devant l'Assemblée, le côté gauche pense à M. le duc d'Orléans, et le côté droit à M. le prince de Condé, alors émigré en Allemagne. Mirabeau demande qu'aucun prince ne puisse être régent sans avoir prêté serment à la constitution. M. de Montlosier objecte qu'un prince peut avoir des raisons pour ne pas avoir prêté serment; par exemple, il peut avoir fait un voyage outre-mer.... — Mirabeau répond: « Le discours du préopinant » va être imprimé; je demande à en rédiger » l'erratum. *Outre-mer*, lisez *outre-Rhin.* » Et cette plaisanterie décide la question. Le grand orateur jouait ainsi quelquefois avec ce qu'il tuait. A en croire les naturalistes, il y a du chat dans le lion.

Par momens, au beau milieu de ses plus violentes déclamations populaires, il se rappelait tout-à-coup qui il était, et il avait de fières saillies de gentilhomme. C'était une mode oratoire alors de jeter dans tout discours une imprécation quelconque sur les massacres de la Saint-Barthélemy. Mirabeau faisait son imprécation comme tout le monde; mais il disait en passant : *Monsieur l'amiral de Coligny, qui, par parenthèse, était mon cousin.* La parenthèse était digne de l'homme dont le père écrivait : *Il n'y a qu'une mésalliance dans ma famille, les Médicis. — Mon cousin monsieur l'amiral de Coligny*, c'eût été impertinent à la cour de Louis XIV, c'était sublime à la cour du peuple de 1791.

Son dédain était beau, son rire était beau ; mais sa colère était sublime.

Quand on avait réussi à l'irriter, quand on lui avait tout-à-coup enfoncé dans le flanc quelqu'une de ces pointes aiguës qui font bondir l'orateur et le taureau, si c'était au milieu d'un discours, par exemple, il quittait tout sur-le-champ, il laissait là les idées entamées, il s'inquiétait peu que la voûte de raisonnemens qu'il avait commencé à bâtir s'écroulât derrière lui faute de couronnement, il abandonnait la question net, et se ruait tête baissée sur l'incident. Alors, malheur à l'interrupteur! malheur au toréador qui lui avait jeté la vanderille! Mirabeau fondait sur lui, le prenait au ventre, l'enlevait en l'air, le foulait aux pieds. Il allait et venait sur lui, il le broyait, il le pilait. Il saisissait dans sa parole l'homme tout entier, quel qu'il fût, grand ou petit, méchant ou nul, boue ou poussière, avec sa vie, avec son caractère, avec son ambition, avec ses vices, avec ses ridicules; il n'omettait rien, il n'épargnait rien, il ne manquait rien, il cognait désespérément son ennemi sur les angles de la tribune, il faisait trembler, il faisait rire, tout mot portait coup, toute phrase était flèche, il avait la furie au cœur, c'était terrible et superbe. C'était une colère lionne. Grand et puissant orateur, beau surtout dans ce moment-là! C'est alors qu'il fallait voir comme il chassait au loin tous les nuages de la discussion. C'est alors qu'il fallait voir comme son souffle orageux faisait moutonner toutes les têtes de l'assemblée! Chose singulière! il ne raisonnait jamais mieux que dans l'emportement. L'irritation la plus violente, loin de disjoindre son éloquence dans les secousses qu'elle lui donnait, dégageait en lui une sorte de logique supérieure, et il trouvait des argumens dans la fureur comme un autre des métaphores. Soit qu'il fît rugir son sarcasme aux dents acérées sur le front pâle de Robespierre, ce redoutable inconnu qui, deux ans plus tard, devait traiter les têtes comme Phocion les discours; soit qu'il mâchât avec rage les dilemmes filandreux de l'abbé Maury, et qu'il les recrachât au côté droit, tordus, déchirés, disloqués, dévorés à demi et tout couverts de l'écume de sa colère; soit qu'il enfonçât les ongles de son syllogisme dans la phrase molle et flasque de l'avocat Target, il était grand et magnifique, et il avait une sorte de majesté formidable que ne dérangeaient pas ses bonds les plus effrénés. Nos pères nous l'ont dit, qui n'avait pas vu Mirabeau en colère, n'avait pas vu Mirabeau. Dans la colère son génie faisait la roue et étalait toutes ses splendeurs. La colère allait bien à cet homme, comme la tempête à l'océan.

Pour qui l'a vu, pour qui l'a entendu, ses discours sont aujourd'hui lettre morte. Tout ce qui était saillie, relief, couleur, haleine, mouvement, vie et âme, a disparu. Tout dans ces belles harangues aujourd'hui est gisant à terre, à plat sur le sol. Où est le souffle qui faisait tourbillonner toutes ces idées comme les feuilles dans l'ouragan? Voilà bien le mot; mais où est le geste? Voilà le cri, où est l'accent? Voilà la parole, où est le regard? Voilà le discours, où est la comédie de ce discours? Car, il faut le dire, dans tout orateur il y a deux choses, un penseur et un comédien. Le penseur reste, le comédien s'en va avec l'homme. Talma meurt tout entier, Mirabeau à demi.

Dans l'Assemblée constituante il y avait une chose qui épouvantait ceux qui regardaient attentivement, c'était la Convention. Pour quiconque a étudié cette époque, il est évident que dès 1789 la Convention était dans l'Assemblée constituante. Elle y était à l'état de germe, à l'état de fœtus, à l'état d'ébauche. C'était encore quelque chose d'indistinct pour la foule, c'était déjà quelque chose de terrible pour qui savait voir. Un rien sans doute; une nuance plus foncée que la couleur générale; une note détonnant parfois dans l'orchestre; un refrain morose dans un chœur d'espérances et d'illusions; un détail qui offrait quelque discordance avec l'ensemble; un groupe sombre dans un coin obscur; quelques bouches donnant un certain accent à de certains mots; trente voix, rien que trente voix, qui devaient plus tard se ramifier, suivant une effrayante loi de multiplication, en Girondins, en Plaine et en Montagne; 93, en un mot, point noir dans le ciel bleu de 89. Tout était déjà dans ce point noir, le 21 janvier, le 31 mai, le 9 thermidor, sanglante trilogie; Buzot, qui devait dévorer Louis XVI, Robespierre, qui devait dévorer Buzot, Vadier, qui devait dévorer Robespierre, trinité sinistre. Parmi ces hommes, les plus médiocres et les plus ignorés, Hébrard et Putraink, par exemple, avaient un sourire étrange dans les discussions, et semblaient garder sur l'avenir une pensée quelconque qu'ils ne disaient pas. A notre avis, l'historien devrait avoir des microscopes pour examiner la formation d'une assemblée dans le ventre d'une autre assemblée. C'est une sorte de gestation qui se reproduit souvent dans l'histoire, et qui, selon nous, n'a pas été assez observée. Dans le cas présent, ce n'était certes pas un détail insignifiant sur la surface du corps législatif que cette excroissance mystérieuse qui contenait l'échafaud déjà tout dressé du roi de France. C'était une chose qui devait avoir une forme monstrueuse que l'embryon de la Convention dans le flanc de la Constituante. OEuf de vautour porté par un aigle.

Dès-lors, beaucoup de bons esprits dans l'Assemblée constituante s'effrayaient de la présence de ces quelques hommes impénétrables qui semblaient se tenir en réserve pour une autre époque. Ils sentaient qu'il y avait bien des ouragans dans ces poitrines dont il s'échappait à peine quelques souffles. Ils se demandaient si ces aquilons ne se déchaîneraient pas un jour, et ce que deviendraient alors toutes les choses essentielles à la civilisation que 89 n'avait pas déracinées. Rabaut-Saint-Étienne, qui croyait la révolution finie et qui le disait tout haut, flairait avec inquiétude Robespierre qui ne la croyait pas commencée et qui le disait tout bas. Les démolisseurs présens de la monarchie tremblaient devant les démolisseurs futurs de la société. Ceux-ci, comme tous les hommes qui ont l'avenir et qui le savent, étaient hautains, hargneux et arrogans, et le moindre d'entre eux coudoyait dédaigneusement les principaux de l'assemblée. Les plus nuls et les plus obscurs jetaient, selon leur humeur et leur fantaisie, d'insolentes interruptions aux plus graves orateurs; et, comme tout le monde savait qu'il y avait des événemens pour ces hommes dans un prochain avenir, personne n'osait leur répliquer. C'est dans ces momens où l'assemblée qui devait venir un jour faisait peur à l'assemblée qui existait, c'est alors que se manifestait avec splendeur le pouvoir d'exception de Mirabeau. Dans le sentiment de sa toute-puissance, et sans se douter qu'il fît une chose si grande, il criait au groupe sinistre qui coupait la parole à la Constituante : *Silence aux trente voix!* et la Convention se taisait.

Cet antre d'Eole resta silencieux et contenu tant que Mirabeau tint le pied sur le couvercle.

Mirabeau mort, toutes les arrière-pensées anarchiques firent irruption.

Nous le répétons d'ailleurs, nous croyons que Mirabeau est mort à propos. Après avoir déchaîné bien des orages dans l'état, il est évident que pendant un temps il a comprimé sous son poids toutes les forces divergentes auxquelles il était réservé d'achever la ruine qu'il avait commencée; mais elles se condensaient par cette compression même, et tôt ou tard, selon nous, l'explosion révolutionnaire devait trouver issue et jeter au loin Mirabeau, tout géant qu'il était.

Concluons.

Si nous avions à résumer Mirabeau d'un mot, nous dirions : Mirabeau, ce n'est pas un homme, ce n'est pas un peuple, c'est un événement qui parle.

Un immense évenement! la chute de la forme monarchique en France.

Sous Mirabeau, ni la monarchie, ni la république n'étaient possibles. La monarchie l'excluait par sa hiérarchie, la république par son niveau. Mirabeau est un homme qui passe dans une époque qui prépare. Pour que l'envergure de Mirabeau s'y déployât à l'aise, il fallait que l'atmosphère sociale fût dans cet état particulier où rien de précis et d'enraciné dans le sol ne résiste, où tout obstacle à l'essor des théories se refoule aisément, où les principes qui feront un jour le fond solide de la société future sont encore en suspension, sans trop de forme ni de consistance, attendant dans ce milieu où ils flottent pêle-mêle en tourbillon l'instant de se précipiter et de se cristalliser. Toute institution assise a des angles auxquels le génie de Mirabeau se fût peut-être brisé l'aile.

Mirabeau avait un sens profond des choses, il avait aussi un sens profond des hommes. A son arrivée aux Etats-Généraux, il observa long-temps en silence, dans l'assemblée et hors de l'assemblée, le groupe, alors si pittoresque, des partis. Il devina l'insuffisance de Mounier, de Malouet et de Rabaut Saint-Etienne, qui rêvaient une conclusion anglaise. Il jugea froidement la passion de Chapelier, la brièveté d'esprit de Pétion, la mauvaise emphase littéraire de Volney; l'abbé Maury qui avait besoin d'une position; Desprémesnil et Adrien Duport, parlementaires de mauvaise humeur et non tribuns; Roland, ce zéro dont la femme était le chiffre; Grégoire, qui était à l'état de somnambulisme politique. Il vit tout de suite le fond de Sieyès, si peu pénétrable qu'il fût. Il enivra de ses idées Camille Desmoulins, dont la tête n'était pas assez forte pour les porter. Il fascina Danton, qui lui ressemblait en moins grand et en plus laid. Il n'essaya aucune séduction près des Guillermy, des

Lautrec et des Cazalès, sorte de caractères insolubles dans les révolutions. Il sentait que tout allait marcher si vite qu'on n'avait pas de temps à perdre. D'ailleurs, plein de courage et n'ayant jamais peur de l'homme du jour, ce qui est rare, ni de l'homme du lendemain, ce qui est plus rare encore, toute sa vie il fut hardi avec ceux qui étaient puissans; il attaqua successivement dans leur temps, Maupeou et Terray, Calonne et Necker. Il s'approcha du duc d'Orléans, le toucha et le quitta aussitôt. Il regarda Robespierre en face et Marat de travers.

Il avait été successivement enfermé à l'île de Rhé, au château d'If, au fort de Joux, au donjon de Vincennes. Il se vengea de toutes ces prisons sur la Bastille.

Dans ses captivités, il lisait Tacite. Il le dévorait, il s'en nourrissait, et quand il arriva à la tribune en 1789, il avait encore la bouche pleine de cette moëlle de lion. On s'en aperçut aux premières paroles qu'il prononça.

Il n'avait pas l'intelligence de ce que voulaient Robespierre et Marat. Il regardait l'un comme un avocat sans causes, et l'autre comme un médecin sans malades, et il supposait que c'était le dépit qui les faisait divaguer. Opinion qui d'ailleurs avait son côté vrai. Il tournait le dos complètement aux choses qui venaient à si grands pas par-derrière lui. Comme tous les régénérateurs radicaux, il avait l'œil bien plus fixé sur les questions sociales que sur les questions politiques. Son œuvre, à lui, ce n'est pas la république, c'est la révolution.

Ce qui prouve qu'il est le vrai grand homme essentiel de ces temps-là, c'est qu'il est resté plus grand qu'aucun des hommes qui ont grandi après lui dans le même ordre d'idées que lui.

Son père qui ne le comprenait pas plus, quoiqu'il l'eût engendré, que la constituante ne comprenait la convention, disait de lui : *cet homme n'est ni la fin ni le commencement d'un homme.* Il avait raison. « Cet homme » était la fin d'une société et le commencement d'une autre.

Mirabeau n'importe pas moins à l'œuvre générale du dix-huitième siècle que Voltaire. Ces deux hommes avaient des missions semblables, détruire les vieilles choses et préparer les nouvelles. Le travail de l'un a été continu et l'a occupé, aux yeux de l'Europe, durant toute sa longue vie. L'autre n'a paru sur la scène que peu d'instans. Pour faire leur besogne commune, le temps a été donné à Voltaire par années et à Mirabeau par journées. Cependant Mirabeau n'a pas moins fait que Voltaire. Seulement l'orateur s'y prend autrement que le philosophe. Chacun attaque la vie du corps social à sa façon. Voltaire décompose, Mirabeau écrase. Le procédé de Voltaire est en quelque sorte chimique, celui de Mirabeau est tout physique. Après Voltaire, une société est en dissolution ; après Mirabeau, en poussière. Voltaire, c'est un acide ; Mirabeau, c'est une massue.

§ VII.

Si maintenant, pour compléter l'ensemble que nous avons essayé d'ébaucher, de Mirabeau et de son époque nous reportons les yeux sur nous, il est aisé de voir, au point où se trouve aujourd'hui le mouvement social commencé en 89, que nous n'aurons plus d'hommes comme Mirabeau, sans que personne puisse dire d'ailleurs précisément de quelle forme seront les grands hommes politiques que nous réserve l'avenir.

Les Mirabeau ne sont plus nécessaires, donc ils ne sont plus possibles.

La Providence ne crée pas des hommes pareils quand ils sont inutiles. Elle ne jette pas de cette graine-là au vent.

Et en effet, à quoi pourrait servir maintenant un Mirabeau ? Un Mirabeau, c'est une foudre. Qu'y a-t-il à foudroyer ? Où sont, dans la région politique, les objets trop haut placés qui attirent le tonnerre ? Nous ne sommes plus comme en 1789, où il y avait dans l'ordre social tant de choses disproportionnées.

Aujourd'hui le sol est à peu près nivelé ; tout est plane, rase, uni. Un orage comme Mirabeau qui passerait sur nous ne trouverait pas un seul sommet où s'accrocher.

Ce n'est pas à dire, parce que nous n'aurons plus besoin d'un Mirabeau, que nous n'ayons plus besoin de grands hommes. Bien au contraire. Il y a certes beaucoup à travailler encore. Tout est défait, rien n'est refait.

Dans les momens comme celui où nous sommes, le parti de l'avenir se divise en deux classes : les hommes de révolution, les hommes de progrès. Ce sont les hommes de révolution qui déchirent la vieille terre politique, creusent le sillon, jettent la semence; mais leur temps est court. Aux hommes de progrès appartient la lente et laborieuse culture des principes, l'étude des saisons propices à la greffe de telle ou telle idée, le travail au jour le jour, l'arrosement de la jeune plante, l'engrais du sol, la récolte pour tous. Ils vont courbés et patiens, sous le soleil ou sous la pluie, dans le champ public, épierrant cette terre couverte de ruines, extirpant les chicots du passé qui accrochent encore çà et là, déracinant les souches mortes des anciens régimes, sarclant les abus, cette mauvaise herbe qui pousse si vite dans toutes les lacunes de la loi. Il leur faut bon œil, bon pied, bonne main.

Dignes et consciencieux travailleurs, souvent bien mal payés!

Or, selon nous, à l'heure qu'il est, les hommes de révolution ont accompli leur tâche. Ils ont eu tout récemment encore leurs trois jours de semailles en juillet. Qu'ils laissent faire maintenant les hommes de progrès. Après le sillon, l'épi.

Mirabeau, c'est un grand homme de révolution. Il nous faut maintenant le grand homme du progrès.

Nous l'aurons. La France a une initiative trop importante dans la civilisation du globe pour que les hommes spéciaux lui fassent jamais faute. La France est la mère majestueuse de toutes les idées qui sont aujourd'hui en mission chez tous les peuples. On peut dire que la France depuis deux siècles nourrit le monde du lait de ses mamelles. La grande nation a le sang généreux et riche et les entrailles fécondes; elle est inépuisable en génies; elle tire de son sein toutes les grandes intelligences dont elle a besoin; elle a toujours des hommes à la mesure de ses événemens, et il ne lui manque dans l'occasion ni des Mirabeau pour commencer ses révolutions ni des Napoléon pour les finir.

La Providence ne lui refusera certainement pas le grand homme social, et non plus seulement politique, dont l'avenir a besoin.

En attendant qu'il vienne, sans doute, à peu d'exceptions près, les hommes qui font de l'histoire pour le moment sont petits; sans doute il est triste que les grands corps de l'État manquent d'idées générales et de larges sympathies; sans doute il est affligeant qu'on emploie à des badigeonnages le temps qu'on devrait donner à des constructions; sans doute il est étrange qu'on oublie que la souveraineté véritable est celle de l'intelligence, qu'il faut avant tout éclairer les masses, et que quand le peuple sera intelligent, alors seulement le peuple sera souverain; sans doute il est honteux que les magnifiques prémisses de 89 aient amené de certains corollaires comme une tête de syrène amène une queue de poisson, et que des gâcheurs aient pauvrement plaqué tant de lois de plâtre sur des idées de granit; sans doute il est déplorable que la révolution française ait eu de si maladroits accoucheurs; sans doute, mais rien d'irréparable n'a encore été fait; aucun principe essentiel n'a été étouffé dans l'enfantement révolutionnaire; aucun avortement n'a eu lieu; toutes les idées qui importent à la civilisation future sont nées viables, et prennent chaque jour force, taille et santé. Certes, quand 1814 est arrivé, toutes ces idées, filles de la révolution, étaient bien jeunes et bien petites encore et tout-à-fait au berceau, et la restauration, il faut en convenir, leur a été une maigre et mauvaise nourrice. Cependant, il faut en convenir aussi, elle n'en a tué aucune. Le groupe des principes est complet.

A l'heure où nous sommes, toute critique est possible, mais l'homme sage doit avoir pour l'époque entière un regard bienveillant. Il doit espérer, se confier, attendre. Il doit tenir compte aux hommes de théorie de la lenteur avec laquelle poussent les idées; aux hommes de pratique, de cet étroit et utile amour des choses qui sont, sans lequel la société se désorganiserait dans les expériences successives; aux passions, de leurs digressions généreuses et fécondantes; aux intérêts, de leurs calculs qui rattachent les classes entre elles à défaut de croyances; aux gouvernemens, de leurs tâtonnemens vers le bien dans l'ombre; aux oppositions, de l'aiguillon qu'elles ont sans cesse au poing et qui fait tracer au bœuf le sillon; aux partis mitoyens, de l'adoucissement qu'ils apportent aux transitions; aux partis extrêmes, de l'activité qu'ils impriment à la circulation des idées, lesquelles sont le sang même de la civilisation; aux amis du passé, du soin qu'ils prennent de quelques racines vivaces; aux zélateurs de l'avenir, de leur amour pour ces belles fleurs qui seront un jour de beaux fruits; aux hommes mûrs, de leur modération; aux hommes jeunes, de leur patience; à ceux-ci, de ce qu'ils font; à ceux-là, de ce qu'ils veulent faire; à tous, de la difficulté de tout.

Nous ne nierons pas d'ailleurs tout ce que l'époque où nous vivons a d'orageux et de troublé. La plupart des hommes qui font quelque chose dans l'État ne savent pas ce qu'ils font. Ils travaillent dans la nuit, sans y voir. Demain, quand il fera jour, ils seront peut-être tout surpris de leur œuvre. Charmés ou effrayés, qui sait? Il n'y a plus rien de certain dans la science politique; toutes les boussoles sont perdues; la société chasse sur ses ancres; depuis vingt ans on lui a déjà changé trois fois ce grand mât qu'on appelle *la dynastie*, et qui est toujours le premier frappé de la foudre.

La loi définitive de rien ne se révèle encore. Le gouvernement, tel qu'il est, n'est l'affirmation d'aucune chose; la presse, si grande et si utile d'ailleurs, n'est qu'une négation perpétuelle de tout. Aucune formule nette de civilisation et de progrès n'a encore été rédigée.

La révolution française a ouvert pour toutes les théories sociales un livre immense, une sorte de grand testament. Mirabeau y a écrit son mot, Robespierre le sien, Napoléon le sien. Louis XVIII y a fait une rature. Charles X a déchiré la page. La chambre du 7 août l'a recollée à peu près, mais voilà tout. Le livre est là, la plume est là. Qui osera écrire?

Les hommes actuels semblent peu de chose sans doute; cependant quiconque pense doit fixer sur l'ébullition sociale un regard attentif.

Certes, nous avons ferme confiance et ferme espoir.

Eh! qui ne sent que dans ce tumulte et dans cette tempête, au milieu de ce combat de tous les systèmes et de toutes les ambitions qui fait tant de fumée et tant de poussière, sous ce voile qui cache encore aux yeux la statue sociale et providentielle à peine ébauchée, derrière ce nuage de théories, de passions, de chimères, qui se croisent, se heurtent et s'entre-dévorent dans l'espèce de jour brumeux qu'elles déchirent de leurs éclairs, à travers ce bruit de la parole humaine qui parle à la fois toutes les langues par toutes les bouches, sous ce violent tourbillon de choses, d'hommes et d'idées qu'on appelle le dix-neuvième siècle, quelque chose de grand s'accomplit?

Dieu reste calme et fait son œuvre.

Janvier 1834.

www.ingramcontent.com/pod-product-compliance
Lightning Source LLC
Chambersburg PA
CBHW052100270326
41931CB00012B/2836
9782012155947